JUEGOS OLÍMPICOS DE INVIERNO INCREÍBLES

PATINAJE DE VELOCIDAD SOBRE HIELO

POR ASHLEY GISH

CREATIVE EDUCATION • CREATIVE PAPERBACKS

Publicado por Creative Education y Creative Paperbacks
P.O. Box 227, Mankato, Minnesota 56002
Creative Education y Creative Paperbacks
son sellos editoriales de The Creative Company
www.thecreativecompany.us

Diseño de The Design Lab
Producción de Graham Morgan
Dirección artística de Blue Design (www.bluedes.com)

Imágenes de Alamy Stock Photo/Cal Sport Media, 8, Cynthia Lee, portada, 1, Paul Sutton-PCN, 20; Associated Press/Artur Widak, 14, Peter Dejong, 16; Dreamstime/Michele Morrone, 7; Getty Images/DeFodi Images, 6, 13, Jean Catuffe, 23, Li Jun/China News Service, 18, MANAN VATSYAYANA, 21, Oliver Hardt - International Skating Union, 2; Shutterstock/Michele Morrone, 9, Real Sports Photos, 10; Wikimedia Commons/Agence Rol, 5, Republic of Korea, 17

Library of Congress Cataloging-in-Publication Data
Names: Gish, Ashley, author.
Title: Patinaje de velocidad sobre hielo / by Ashley Gish.
Other titles: Speed skating. Spanish
Description: Mankato, Minnesota : Creative Education and Creative Paperbacks, [2026] | Series: Juegos Olímpicos de Invierno increíbles | Includes index. | Audience: Ages 6-9 years | Audience: Grades 2-3 | Text in North American Spanish. | Summary: "Celebrate the Winter Olympic Games with this elementary-level introduction to speed skating, the sport known for its short- and long-track events. Also included in this North American Spanish translation is a brief biography of speed skater Gao Tingyu"—Provided by publisher.
Identifiers: LCCN 2024046087 (print) | LCCN 2024046088 (ebook) | ISBN 9798889898962 (lib. bdg.) | ISBN 9781682779361 (paperback) | ISBN 9798889899754 (ebook)
Subjects: LCSH: Speed skating—Juvenile literature. | Speed skaters—Juvenile literature. | Olympic athletes—Juvenile literature. | Winter Olympics—Juvenile literature.
Classification: LCC GV850.3 .G5718 2026 (print) | LCC GV850.3 (ebook) | DDC 796.91/4—dc23/eng/20241220

Impreso en la India

Tabla de contenidos

Los primeros patinadores en los Países Bajos ataban huesos de animales pulidos a sus botas.

La carrera de patinaje sobre hielo ha sido parte de los Juegos Olímpicos de Invierno desde 1924. Al principio, este deporte era solo para hombres. En 1960, se incluyeron competencias para mujeres. El patinaje en pista corta se añadió en 1992. La carrera de persecución por equipos debutó en 2006. El evento de **salida masiva** fue una novedad en 2018.

salida masiva una carrera en la que un grupo grande de patinadores compiten al mismo tiempo

CAN
CAN
142
36

Al inclinarse en curvas cerradas, los patinadores apoyan la mano izquierda para mantenerse estables.

Los patinadores alcanzan velocidades de hasta 40 millas por hora (64,4 km/h). Los patinadores de pista corta realizan giros cerrados. En estas curvas, sienten una **fuerza G** de aproximadamente tres G. ¡Es lo mismo que sienten los astronautas durante el despegue de un cohete!

fuerza G la fuerza de gravedad (G); cuanto mayor es el número, más fuerte es la atracción de la gravedad

Los patinadores cruzan los brazos detrás de la espalda durante una carrera larga para ahorrar energía para las vueltas posteriores.

Los **trajes ajustados** hacen que los patinadores sean más **aerodinámicos**. Los guantes resistentes protegen sus manos. Los patinadores usan cascos en los eventos de pista corta y de salida masiva.

aerodinámico que tiene una forma que permite que el aire pase sin empujar el cuerpo hacia atrás

traje ajustado un traje de cuerpo completo hecho de material resistente a cortes

Deloitte.
170
USA

Los patines de velocidad terminan a la altura del tobillo. En las carreras de pista corta, las cuchillas están fijas al patín. En las de pista larga, el zapato se levanta de la parte posterior de la cuchilla.

En inglés, los patines de pista larga se llaman "clap skates" por el sonido que hacen cuando la cuchilla golpea la bota al levantarse.

Los Juegos Olímpicos de Invierno incluyen eventos de pista larga, pista corta, salida masiva y persecución por equipos. Los patinadores dan vueltas alrededor de una pista de hielo ovalada. Todas esas vueltas se suman para cubrir distintas distancias, medidas en metros. Los Juegos Olímpicos de Invierno incluyen carreras de diversas longitudes.

Las distancias de las carreras olímpicas varían entre 500 y 10.000 metros (0,3 a 6,2 millas).

58
35
CAN
JAPAN

Las pistas de patinaje para carreras de pista larga miden aproximadamente 1.312 pies (400 m) de extremo a extremo. Los patinadores compiten en grupos de dos. Cada persona intenta superar el tiempo del patinador más rápido de la competencia.

Los trajes de carrera incluyen una capucha para ayudar a que los patinadores corten el aire.

La carrera más larga de pista corta es de 1.500 metros (0,9 millas).

Las pistas de patinaje para carreras de pista corta miden aproximadamente 364 pies (111 m) de longitud. Los patinadores compiten en grupos de cuatro a seis. Patinan muy cerca unos de otros. A veces, chocan entre sí. En los eventos de salida masiva, pueden participar hasta 24 patinadores al mismo tiempo.

Los patinadores de pista corta compiten para cruzar la meta primero, en lugar de buscar el tiempo más rápido.

G3
G6
G7
GANGWON 2024
GROW TOGETHER
SHINE FOREVER
GANGWON
2024

2022
FILA

En la persecución por equipos, dos equipos de tres patinadores compiten entre sí. Los patinadores se turnan para liderar y seguir a sus compañeros. El equipo con el tiempo más corto avanza a la siguiente ronda.

Los patinadores de persecución por equipos se mantienen juntos en línea.

La patinadora de velocidad estadounidense Maame Biney

Los patinadores de velocidad rebasan como un rayo a los otros. Se lanzan en una carrera frenética hacia un emocionante final. ¡No te pierdas la acción vibrante de este asombroso deporte en los próximos Juegos Olímpicos de Invierno!

Las gafas especiales bloquean el viento y evitan que los ojos de los patinadores lagrimeen por el frío.

Competidor destacado: Gao Tingyu

Gao Tingyu

es un patinador de velocidad de China. Hizo historia en 2018 al convertirse en el primer atleta chino en ganar una medalla olímpica en carrera de patinaje sobre hielo. Se llevó a casa la medalla de bronce. En 2022, volvió a hacer historia al ganar la medalla de oro. Estableció un nuevo récord olímpico en la carrera de 500 metros con un tiempo de 34,32 segundos. Superó el récord anterior por 0,09 segundos.

CHN

Índice